MW01351846

APRIL

April 7-30, 2020

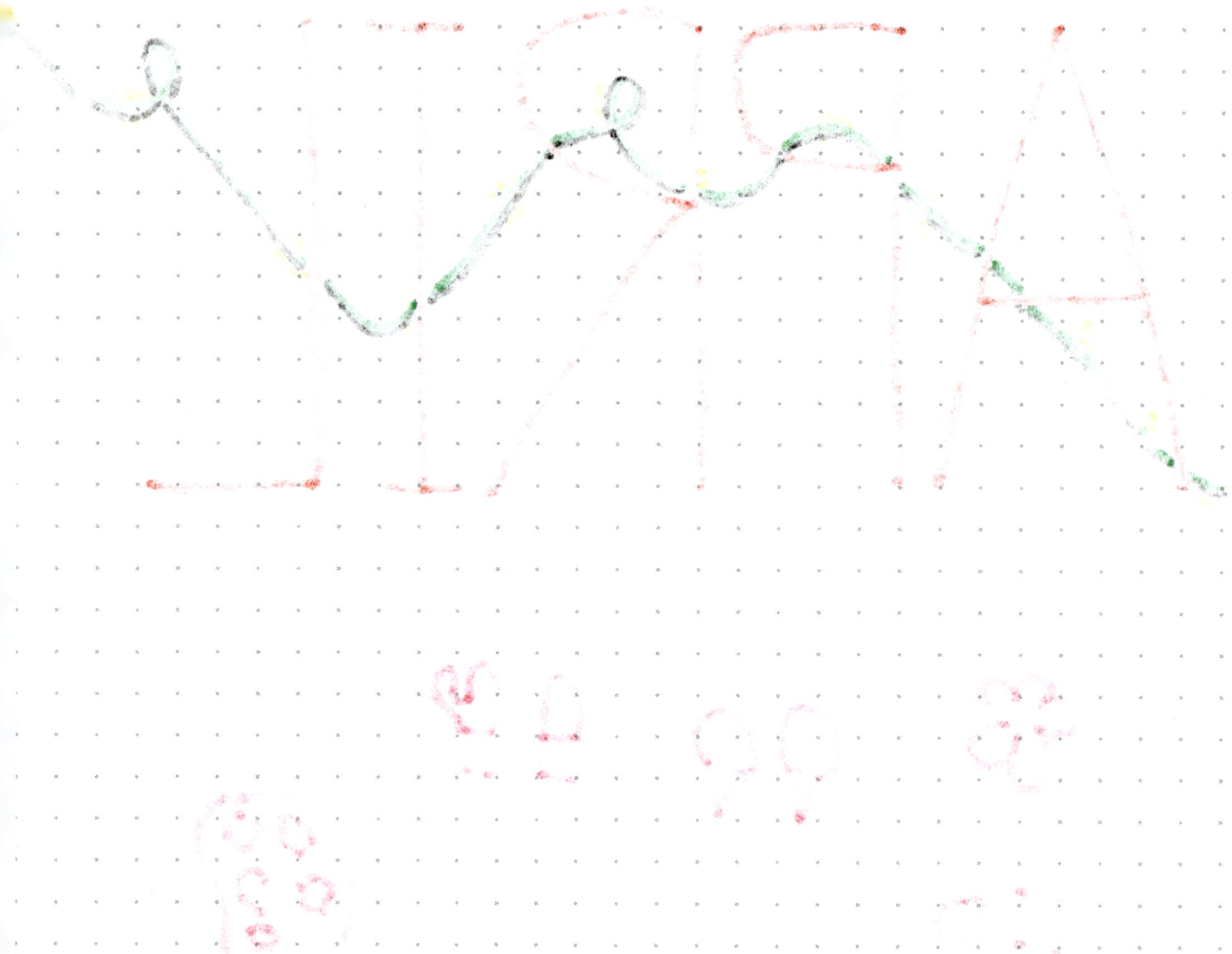

Mad

Maddie

61627707R00091

Made in the USA
Middletown, DE
12 January 2018